**150 MOMENTE
DER DEUTSCHEN BANK**

FOTOGRAFIERT VON
LUTZ KLEINHANS

150 MOMENTE DER DEUTSCHEN BANK

FOTOGRAFIERT VON LUTZ KLEINHANS

Herausgegeben im Auftrag der
Historischen Gesellschaft der Deutschen Bank e.V.
von Martin L. Müller und Reinhard Frost
mit einer Einleitung von Peter Lückemeier

INHALT

Vorwort 6

Erzähler mit der Kamera 9
Von Peter Lückemeier

Die Häuser der Bank 22

Die Jahrhundertfeier 44

Das Bankgeschäft 68

Die Hauptversammlungen 106

Im Vorstand 144

In Gesellschaft und Kultur 170

VORWORT

Das Bankgeschäft ist meist unsichtbar. Es vollzieht sich in vertraulichen Gesprächen, komplexen Verhandlungen, detaillierten Verträgen, massenhaftem Zahlungsverkehr und vielfältigen Transaktionen. Entsprechend schwierig ist es, den Geschäftsalltag einer Bank abzubilden. Dennoch hat sich diese Publikation, die im Jahr des 150-jährigen Bestehens der Deutschen Bank erscheint, nichts Geringeres zum Ziel gesetzt. Dies ist möglich, weil Lutz Kleinhans (1926–2011), im Hauptberuf Redaktionsfotograf der *Frankfurter Allgemeinen Zeitung*, über mehr als zwei Jahrzehnte die Deutsche Bank und ihre wichtigsten Akteure als „Hausfotograf" begleitet hat.

In den Jahren von 1967 bis 1989 entstanden so rund 18.000 Aufnahmen, größtenteils als Negative in Schwarzweiß, zum Teil aber auch als Negative und Diapositive in Farbe. Die ausgewählten 150 Bilder zeigen in vielen Facetten die Entwicklung der Bank, vor allem am Sitz ihrer Frankfurter Konzernzentrale. So dokumentierte Kleinhans die bauliche Erweiterung von den schlichten Gebäuden der ersten Nachkriegsjahre, über das erste Hochhaus bis hin zu den Deutsche-Bank-Türmen, die längst zum Wahrzeichen des Unternehmens geworden sind. Hauptversammlungen und Jubiläumsfeiern, Vorstandssitzungen und Vertragsunterzeichnungen sowie das Geschehen in den Fachabteilungen und Filialen sind immer wiederkehrende Motive. Dabei stehen die Menschen, die die Szenerie bestimmen – die Mitarbeiter, Kunden, Aktionäre und

Geschäftspartner, stets im Mittelpunkt. Aus historischer Sicht fasziniert vor allem die Langzeitperspektive, die den Wandel im öffentlichen Auftreten und des Innenlebens der Deutschen Bank beschreibt. In der ästhetischen Wirkung und künstlerischen Bedeutung, die viele Aufnahmen auszeichnen, besteht ein zusätzlicher Reiz für den Betrachter.

Bei der Auswahl der Bilder konnte auf das Archiv des Historischen Instituts der Deutschen Bank zurückgegriffen werden, das 2009 die Fotosammlung „Deutsche Bank" und die dazu gehörenden Verwertungsrechte von Lutz Kleinhans erworben hatte. Die Negative wurden in den folgenden Jahren vollständig digitalisiert und im Archivsystem der Bank verzeichnet. Auf dieser Grundlage trafen die Unternehmenshistoriker Martin L. Müller und Reinhard Frost die vorliegende Auswahl, die von dem Fotografen Martin Url digital aufbereitet wurde. Peter Lückemeier, der viele Jahre als Redakteur der *F.A.Z.* mit Lutz Kleinhans zusammenarbeitete, verdanken wir Einblicke in die Biografie des Fotografen.

Die gewählten 150 Motive zeigen nicht nur Ansichten der Deutschen Bank, sie vermitteln, ganz im Sinne des Bildjournalisten Lutz Kleinhans, lebendige Momente.

Clemens Börsig
Erster Vorsitzender der
Historischen Gesellschaft der Deutschen Bank e.V.

ERZÄHLER MIT DER KAMERA

Über Lutz Kleinhans, der 22 Jahre für die Deutsche Bank fotografierte
Von Peter Lückemeier

Selbst am Tag seiner Trauung war er erst noch morgens im Labor – ein eiliger Auftrag des Kunden Caltex musste rasch erledigt werden. Diese kleine Begebenheit zeigt bereits zwei Eigenschaften des Fotografen Lutz Kleinhans: Pflichtbewusstsein und Servicebereitschaft. Diese Wesensmerkmale haben sein gesamtes berufliches Schaffen geprägt, im Dienst der *Frankfurter Allgemeinen Zeitung* von 1959 bis 1993 und von Großkunden wie der Deutschen Bank (von 1967 bis 1989).

Lutz (eigentlich: Georg Ludwig) Kleinhans wurde am 31. März 1926 in Neu-Isenburg geboren und wuchs in Offenbach auf. Er machte am Offenbacher Leibniz-Gymnasium das Abitur und studierte an der Goethe-Universität in der größeren Nachbarstadt Physik. Eigentlich zog es ihn, der Klavier spielte und an diesem Instrument auch Unterricht gab, zur Musik. Seine Lieblingskomponisten waren Mozart, Mahler und Richard Strauss. Doch das Studium der Physik schien vernünftiger und entsprach dem Wunsch des Vaters, der als Finanzbeamter arbeitete und sich für seinen Sohn einen Doktortitel erträumte. Entsprechend ärgerlich reagierte der Vater dann auch, als sein Sohn im elften Semester das Studium beendete, um sich endgültig der Fotografie als Beruf zuzuwenden.

FOTOGRAFISCHER AUTODIDAKT

Den Umgang mit der Kamera brachte sich Kleinhans zunächst selber bei. Erst machte er Fotos aus reiner Liebhaberei, später fotografierte er zur Finanzierung des Studiums vor allem Hochzeiten. Intensiv bildete er sich aus eigener Anstrengung weiter. In seinem selbst verfassten Kurzlebenslauf in der *F.A.Z.*-Broschüre „Sie schreiben und redigieren" bezeichnet er diese Phase als „umfangreiches autodidaktisches Studium sämtlicher Anwendungsgebiete der modernen Fotografie, insbesondere auf dem Spezialgebiet der Farbfotografie".

Im Jahr 1949 – Kleinhans war Mitte zwanzig – wurden erste Aufnahmen von ihm in Frankfurter Tageszeitungen abgedruckt. Zwei Jahre später ließ er sich an der staatlich anerkannten Fotoschule Marta Hoepffner in Hofheim ausbilden. Marta Hoepffner (1912 bis 2000), eine Schülerin Willi Baumeisters an der Städelschule, war in ihrer fotografischen Arbeit vom Bauhaus geprägt. Ihre renommierte „Fotoprivatschule" in der Hofheimer Kappellenstraße 4 lag gegenüber dem berühmten Blauen Haus der Hanna Bekker vom Rath, in dem die Mäzenin, Malerin und Sammlerin Künstler wie Karl Schmidt-Rottluff, Alexej von Jawlensky und Ludwig Meidner um sich versammelte. Es ist schade, dass wir Lutz Kleinhans nicht mehr fragen können, ob und wie Marta Hoepffner seine fotografische Auffassung prägte. Fest steht, dass Kleinhans der Ansicht war, ein journalistisches Foto müsse immer aus sich selbst heraus verständlich sein, am besten so eindringlich, dass es keiner erklärenden Bildunterschrift bedürfe. Übrigens nannte er sich nicht Fotograf, sondern Bildjournalist: Was die Kollegen von der schreibenden Zunft mit Worten sagten, wollte er mit Fotos ausdrücken. Er wurde zum Erzähler mit der Kamera.

ACHT OBERBÜRGERMEISTER VOR DER LINSE

Von 1953 bis 1957 war Lutz Kleinhans zunächst für die *Frankfurter Rundschau* als Fotograf tätig. Die Arbeit für die *Frankfurter Allgemeine Zeitung* begann im Jahr 1959 – zunächst und für viele weitere Jahre auf freiberuflicher Basis, die offizielle Bezeichnung hieß „Vertragsmitarbeiter". Festangestellt und – wie damals alle Redakteure – mit Firmenwagen, 14 Monatsgehältern und Anspruch auf Betriebsrente ausgestattet, wurde er erst 1973. In diesem Status verblieb er bis zu seinem altersbedingten Ruhestand 1993. Insgesamt war Kleinhans also 34 Jahre mit der *F.A.Z.* verbunden. Die Dauer und Vielgestaltigkeit dieser Zeitspanne wird erst richtig deutlich, wenn man bedenkt, dass Kleinhans acht Oberbürgermeister kommen und gehen sah: Werner Bockelmann, Willi Brundert, Walter Möller, Rudi Arndt, Walter Wallmann, Wolfram Brück, Volker Hauff und Andreas von Schoeler. Sie alle wurden zu Subjekten seines Objektivs, am intensivsten wohl Walter Wallmann. Der Politiker und der allgegenwärtige Fotograf schienen einander in Wertschätzung zugetan. Überdies war Lutz Kleinhans ja auch einer der Botschafter Frankfurts: In mehreren Bildbänden porträtierte er die Stadt, und eine 1973 von ihm gestaltete Multivisionsschau mit mehr als 2.000 Farbdias wurde, gesteuert von 30 Projektoren, in Amerika und Japan gezeigt. Die vierteljährlich erscheinende Zeitschrift *Frankfurt – Lebendige Stadt* begleitete er bildjournalistisch über viele Jahre.

Bei der *F.A.Z.* arbeitete Lutz Kleinhans nicht ausschließlich, aber vor allem für den Regionalteil, der zunächst als *Zeitung für Frankfurt,* seit 1988 als *Rhein-Main-Zeitung* der *F.A.Z.* in Frankfurt und im Rhein-Main-Gebiet als eine „Zeitung in der Zeitung" (Eigenwerbung) beiliegt. Im Laufe der Jahre wurden nicht nur die Fotos von Lutz Kleinhans zu einem Erkennungszeichen der lokalen *F.A.Z.* – auch er selber wurde dank seiner markanten Silhouette und seiner Allgegenwärtigkeit eine stadtbekannte Persönlichkeit. Er begriff sich auch als Teil der Stadtgesellschaft, was nicht nur in seiner Rolle als Gastgeber neben seiner Frau Brigitte deutlich wurde, sondern auch in dem Umstand, dass Kleinhans sich bei beruflichen Einsätzen in Paulskirche oder Alter Oper im Smoking oder im dunklen Anzug zeigte.

Die *Frankfurter Allgemeine Zeitung* verfügt heute längst über eine große Bildredaktion, von der die Einsätze der freien und der festangestellten Fotografen von einem Dutzend Bildredakteure koordiniert werden. Der bildliche

Datenstrom, den die *F.A.Z.* erreicht, ist enorm; pro Tag gehen allein von den Agenturen mehr als 15.000 Fotos ein und wollen gesichtet werden, ins Blatt schaffen es nur wenige.

Zu Lutz Kleinhans' Zeiten gab es eine solche fotografische Zentralstelle nicht. Die beiden Hausfotografen Wolfgang Haut und Barbara Klemm arbeiteten im Wesentlichen für die Ressorts Politik und Feuilleton sowie für die samstägliche Tiefdruckbeilage *Bilder und Zeiten* mit den großen, ausgesucht hochwertigen Schwarz-Weiß-Aufnahmen. Sie suchten sich ihre Aufgaben entweder im Gespräch mit Robert Held, der erst fürs Feuilleton, dann für die Außenpolitik zuständig war und die Einsätze der Fotografen ein wenig koordinierte, oder fanden ihre Themen im Gespräch mit den Herausgebern, Ressortleitern und mit den Korrespondenten des Blattes im In- und Ausland.

SEIN EIGENER BILDREDAKTEUR

Für Lutz Kleinhans im Lokalen war niemand zuständig. Er war alles in einer Person: Fotograf und Bildredakteur, Themenfinder und Kontakter. Seine wichtigsten Ansprechpartner waren redaktionsintern die Lokalchefs Rudolf Reinhardt (1962 bis 1975), Erich Helmensdorfer (1976 bis 1986) und Klaus Viedebantt (1986 bis 1990). In der täglichen Arbeit aber liefen thematische und terminliche Absprachen vor allem über die langjährige Blattmacherin in der Lokalredaktion Altrud Liebs.

Der Ablauf der Bildauswahl lief in der Regel nach folgendem Muster: Lutz Kleinhans machte seine Aufnahmen, gab die Filme in der Redaktion ab – die Lokalredaktion war in den 1970er und 1980er Jahren in die Frankenallee, schräg gegenüber vom „Haupthaus" ausgelagert –, wo Fotolaborant Matthias Sauerbier die Bilder im hauseigenen Labor im vierten Stock entwickelte. Manchmal übernahm auch ein Redakteur, dem Kleinhans, ehe er zum nächsten Termin eilte, die Filme anvertraute, die Botendienste. Gegen Abend legte Kleinhans im dritten Stock im „Dienstzimmer" der Blattmacherin seine Ausbeute des Tages vor. Diese Bilder, immer schwarz-weiß und großformatig, wurden von Altrud Liebs begutachtet, kommentiert, gelobt, manchmal auch kritisiert. Kleinhans kämpfte für seine Fotos, fand Argumente für die Auswahl seines Favoriten, legte aber immer eine größere Auswahl vor. Was ihn von jüngeren Kollegen unterschied, die manchmal mit nur einem einzigen Foto erschienen.

CHRONIST UND FOTOREGISSEUR

Bei den Aufnahmen fürs Lokale handelte es sich im Wesentlichen um vier Arten. Erstens waren es „Bebilderungen" aktueller Termine und Ereignisse wie die Eröffnung der Konzertsaison in der Alten Oper, gewalttätige Demonstrationen, Richtfeste bedeutender Bauwerke, das Wachsen von Neubauten am Museumsufer, Stadtverordnetenversammlungen, Großbrände. Zweitens „illustrierte" Kleinhans redaktionseigene Geschichten, die eines Fotos bedurften. Das waren oft Porträts, denn die Leser sollten die Beschriebenen auch sehen. Es waren aber auch jede Menge solcher Stories, wie sie im Lokalteil einer Qualitätszeitung stehen; sie konnten vom Alltag eines katholischen Priesters, einer alleinerziehenden Mutter oder des Tierarztes im Zoo handeln. Aber auch abstraktere Themen – etwa die Mitgliederentwicklung in den örtlichen Parteien – bedurften einer Bebilderung, sollten längere Texte nicht als reine Bleiwüste dastehen.

Drittens waren es Initiativfotos von Örtlichkeiten oder Themen, auf die Kleinhans selber gekommen war. Das konnte die Momentaufnahme eines ruhigen Sommertages sein, eine Idylle von der Liegewiese des Palmengartens, immer wieder die wachsende Hochhauskulisse, Szenen aus dem Zoo oder vom Sommerschlussverkauf auf der Zeil. Seltener, aber wirkungsvoller war die vierte Kategorie. Dabei handelte es sich um Fotos, die Kleinhans sel-

Lutz Kleinhans mit drei Kameras behängt im September 1986 bei der Aufstellung der Granitskulptur „Kontinuität" von Max Bill vor den Deutsche-Bank-Türmen.

ber inszenierte. Beispielhaft sei hier das Bild genannt, für das sich der führende selbstkelternde Frankfurter Ebbelwei-Wirt von Kleinhans in einem gewaltigen Berg frisch geernteter Äpfel ablichten ließ, nur der Kopf lugte heraus.

Die persönliche Liebe des Fotografen zur Musik – er fuhr jährlich zu den Salzburger Festspielen – drückte sich auch in seiner Arbeit aus. Fast alle namhaften Dirigenten brachte er vor seine Kamera, selbst Karajan, der einmal bei einem Frankfurter Auftritt das Fotografieren streng verboten hatte. Kleinhans kam dennoch zu seinem Foto, denn der Direktor des Hauses „übersah" ihn, und der Fotograf drückte während eines Fortissimo, unbemerkt vom Maestro, auf den Auslöser. Die Leistung aber lag weniger in der List als an dem Vertrauensverhältnis, das Kleinhans zu dem Direktor im Laufe der Jahre aufgebaut hatte – einen Unbekannten hätte er nicht eingelassen.

Mit dieser Anekdote ist bereits beschrieben, dass zum Erfolgsrezept des Fotografen schon zu einer Zeit, als es das Wort noch nicht gab, das „Netzwerken" zählte. Der Kontakt zur Deutschen Bank kam ebenfalls über lang gehegte Verbindungen zustande, hier über den langjährigen Pressesprecher des Instituts, Walther Weber.

STÄNDIGE ZUSAMMENARBEIT MIT DER DEUTSCHEN BANK

Aus den Alltagsbegegnungen, die sich in einer übersichtlichen Stadt wie Frankfurt zwischen dem Fotografen der führenden Zeitung am Ort und dem obersten Öffentlichkeitsarbeiter der führenden deutschen Bank beinahe automatisch ergaben (zumal Hermann J. Abs auch über die Städel-Administration tief im Lokalen verwurzelt war), entwickelte sich die Idee einer ständigen Zusammenarbeit: Lutz Kleinhans wurde 1967 zum Hausfotografen der Deutschen Bank. Diese Aufgabe nahm er neben der Arbeit für die Zeitung und für andere Auftraggeber bis 1989 wahr, fast ein Vierteljahrhundert. Mit keinem seiner anderen Großkunden wie Cassella, Hoechst, Ferrero, Caltex und Ymos war Kleinhans so kontinuierlich verbunden wie mit der Deutschen Bank. Doch solche Zusammenarbeit ist oft an persönliche Loyalitäten geknüpft: Seit dem 11. Mai 1988 war Alfred Herrhausen alleiniger Vorstandssprecher der Deutschen Bank. Ko-Sprecher F. Wilhelm Christians wechselte in den Aufsichtsrat. Zum neuen Pressesprecher und Nachfolger Walther Webers ernannte Herrhausen 1989 Hellmut Hartmann, der bislang beim Internationalen Währungsfonds in Washington gewesen war. Mit Webers Ausscheiden lief auch die vertragliche Zusammenarbeit mit Lutz Kleinhans aus.

Zu Kleinhans' Aufgaben im Auftrag der Bank zählten Porträts der Vorstände, die Ablichtung der Hauptversammlungen, der Hundertjahrfeier, die Einsätze bei aktuellen Anlässen wie Eröffnungen, Konzerten und anderen kulturellen Veranstaltungen der Bank, beim Zeichnen von Anleihen und bei allen anderen Gelegenheiten, bei denen man leitende Mitarbeiter oder Kunden des Hauses mit einem Erinnerungsfoto erfreuen konnte. Da traf es sich gut, dass Kleinhans auch die ab 1970 erscheinende Kundenzeitschrift der Deutschen Bank mit Fotos belieferte. Ihr Titel lautete auf den ebenso offensiven wie wenig überraschenden Namen *Geld*, das Impressum weist Kleinhans von 1973 bis 1984 als Fotografen aus.

Das Gesamtergebnis des Kleinhans'schen Einsatzes für die Deutsche Bank nimmt sich in der Summe beeindruckend aus: Im Laufe der Jahre waren nicht weniger als 18.000 Einzelaufnahmen entstanden. Die komplette Sammlung der Negative hat die Bank im Jahr 2009 gekauft und sich die Verwertungsrechte gesichert.

MUSIK FÜR DIE HERREN VOM VORSTAND

Lutz Kleinhans, der sich auf Menschen verstand, arbeitete als Fotograf nach den Maximen angewandter Psychologie. Wenn Porträts der Vorstandsmitglieder zu machen waren, die in den ersten Jahren der Zusammenarbeit in der Bank selbst entstanden, lud er die Herren nicht nur der besseren Lichtverhältnisse wegen gern zu sich ins eigene Studio im Sachsenhäuser Privathaus ein. Zuvor hatte er sich bei den Sekretärinnen nach Lieblingsmusik und bevorzugtem Getränk des Abzubildenden erkundigt. Die entsprechende Schallplatte wurde dann aufgelegt, der favorisierte Tropfen gereicht, und beides sorgte in der Regel schon einmal für Gesprächsstoff und entspannte Atmosphäre. Zur guten Stimmung trug auch bei, dass der Fotograf die hohen Herren, denn das waren sie zu dieser Zeit, nicht mit Forderungen wie „bitte die rechte Schulter mehr nach vorn schieben und den Kopf jetzt leicht seitlich nach links neigen" verkrampfen ließ. Vielmehr führte die Mischung aus Musik, Getränk und freundlichem Frage- und Antwortspiel zu Resultaten, die sich sehen ließen, und die weniger statuarisch wirkten als die in der Arbeitsumgebung entstandenen Porträts.

Die Zusammenarbeit mit der Deutschen Bank hätte gewiss nicht mehr als zwei Jahrzehnte gedauert, hätte Kleinhans, unterstützt von seiner Frau Brigitte, nicht auch überdurchschnittlichen Einsatz bewiesen. Ein gutes Beispiel dafür waren die Fotos aus Anlass von Anleihezeichnungen. Nach dem offiziellen Akt in der Bank fuhren die Herren zur Feier des Anlasses meist ins Kronberger Schlosshotel, während das Ehepaar Kleinhans unterdessen nach Sachsenhausen raste, im eigenen Labor daheim die Filme entwickelte, zwischendurch die Küche in Kronberg anrief, um zu erfahren, wie weit das Essen fortgeschritten war, sich ins Auto warf, um rechtzeitig am ehemaligen Witwensitz der Mutter Kaiser Wilhelms II. anzukommen, wo schließlich jedem der Herren ein Mäppchen mit Fotos überreicht wurde – je ein Porträt im Passepartout und dann noch einige Aufnahmen von der Unterzeichnung der Anleihen als bleibende Erinnerungen an einen wichtigen Tag.

Lutz Kleinhans war über viele Jahre hinweg einer der Chronisten der Deutschen Bank. Wenn dieser Band 150 Aufnahmen von insgesamt 18.000 zeigt, belegen allein diese beiden Zahlen, wie schwer die Auswahl gefallen sein muss. Sie ist dennoch gelungen. Weil sie die Breite dessen zeigt, was die Bank bewegte und was von ihr bewegt wurde. In der Fülle von Personen, Ereignissen und Gebäuden wird somit ohne Worte die Geschichte eines Instituts deutlich, das nicht nur in seiner Branche prägend war. Insofern ist der vorliegende Band ein Stück Zeitgeschichte und zugleich im besten Sinne des Wortes Bildjournalismus.

DIE HÄUSER DER BANK

DIE HÄUSER DER BANK

Als Lutz Kleinhans Ende der 1960er Jahre die Deutsche Bank zu fotografieren begann, veränderte sich das Frankfurter Stadtbild hin zur Vertikalen. Mehr und mehr Bürotürme wuchsen in den Himmel. Kleinhans war einer der ersten Fotografen, der diesen Wandel auch in seinen Bildbänden thematisierte.

Die Deutsche Bank trug zu dieser Entwicklung hin zu „Mainhattan" mit stadtbildprägenden Bauten bei. Zu ihrem historischen Gebäude am Roßmarkt und den Erweiterungsbauten in der Junghofstraße gesellte sich ein von 1968 bis 1971 errichteter Baukörper in der Großen Gallusstraße. Mit einer Höhe von 92 Metern zählte er nur wenige Meter weniger als der Domturm, der höhenmäßig – zumindest in der Innenstadt – lange als Ultima Ratio galt. Einige Jahre später brachen hier die Dämme. Doch Ende der 1960er Jahre war ein Hochhausbau in Frankfurt noch etwas Besonderes und Kleinhans hielt ihn in vielen Bauphasen fest, ebenso wie das fertige Gebäude mit dem charakteristischen Dachaufsatz, der „Haubenlerche", einer weißen Kunststoffverkleidung.

Noch ausführlicher dokumentierte er von 1980 bis 1984 den Bau der heute ikonografischen Status genießenden Deutsche-Bank-Türme. Um ihre Wirkung und ihr Emporwachsen im Stadtpanorama zu zeigen, setzte sich der Fotograf 1982 sogar in einen Hubschrauber, von dem aus ihm eindrucksvolle Aufnahmen gelangen. Das Richtfest der neuen 155 Meter hohen Unternehmenszentrale hielt er ebenso fest wie ihre Eröffnung Anfang 1985. Nach einer vollständigen Renovierung und dem Umbau der Deutsche-Bank-Türme zum Green Building ist ihre ursprüngliche Ausstattung inzwischen ebenso Geschichte wie der Hochhausturm in der Großen Gallusstraße, der 2018 abgerissen wurde.

Auch außerhalb Frankfurts nahm Kleinhans Neubauten der Deutschen Bank auf. Das 1973 eingeweihte Ausbildungszentrum in Kronberg gehört dazu wie auch das neue Technikzentrum in Eschborn, etwa 12 Kilometer von der Frankfurter Innenstadt entfernt. In diesem 22-stöckigen Hochhaus arbeiteten seit 1976 rund 1800 Mitarbeiter.

Vorhergehende Doppelseite: Die Türme der Deutschen Bank, heute ihr internationales Erkennungszeichen, wuchsen seit 1980 in den Himmel. Im Herbst 1982 hatten sie ihre endgültige Höhe von 155 Metern erreicht, und große Flächen des Rohbaus waren bereits verglast. Aus dem Helikopter hielt Lutz Kleinhans den Baufortschritt und ihre zentrale Lage im Stadtpanorama fest.

Links vom Haupteingang in der Junghofstraße befanden sich im ersten Stock die Büros von Hermann J. Abs, der zum Zeitpunkt der Aufnahme, 1969, Aufsichtsratsvorsitzender der Deutschen Bank war.

In der Junghofstraße, die Lutz Kleinhans 1969 in einer seiner selteneren Farbaufnahmen festhielt, befand sich die Frankfurter Zentrale der Deutschen Bank. An der Rückseite des Altbaus am Roßmarkt ist deutlich in Versalien, der damaligen Schreibweise, der Firmenname DEUTSCHE BANK zu erkennen, darunter der seit 1929 gebräuchliche stilisierte Adler.

Hinter der Zentrale in der Junghofstraße wuchs der Rohbau des Hochhauses der Deutschen Bank in der Großen Gallusstraße in die Höhe. Aus heutiger Sicht bemerkenswert ist die Tankstelle mitten in der Innenstadt.

Den Bauarbeiten des Hochhauses in der Großen Gallusstraße kam Lutz Kleinhans im November 1969 ganz nah.

Das Gutenbergdenkmal auf dem Roßmarkt 1969 eingekreist vom Verkehr der Autos und der Straßenbahn. Dahinter der nach schweren Kriegsschäden wiedererrichtete Altbau und der entstehende Bankturm in der Großen Gallusstraße aus einer weiteren Perspektive.

1971 erhielt die Frankfurter Silhouette ein neues Detail. Zwischen dem „Langer Franz" genannten Rathausturm und der Nikolaikirche ragte der 22-geschossige Neubau in der Großen Gallusstraße in die Höhe. Ein ähnliches Motiv mit dem nagelneuen Deutsche-Bank-Turm verwendete Lutz Kleinhans als Titel für seinen im gleichen Jahr erschienenen Bildband „Frankfurt".

Das 1973 eröffnete Ausbildungszentrum der Deutschen Bank in Kronberg setzte sowohl architektonisch als auch in der Aus- und Fortbildung neue Maßstäbe.

Die strenge Gliederung von Sockelbau und Turm zeigt sich eindrucksvoll in dieser Straßenperspektive aus der Großen Gallusstraße. Den Kontrapunkt setzt die „Haubenlerche", auch „Abs-Haube" genannt. Der weiße Dachaufsatz wurde abends von 800 Leuchtstoffröhren erhellt.

Nach einem Umbau in den 1980er Jahren strahlte die im Sockel des Turms in der Großen Gallusstraße untergebrachte Schalterhalle der Filiale Frankfurt eine kühle Eleganz aus. Mitte der 1990er Jahre wurde die Halle zum Handelssaal umgebaut.

Mit dem Taunus-Zentrum Eschborn, kurz TZE genannt, errichtete die Deutsche Bank Mitte der 1970er Jahre ein Bürohochhaus, das vor allem die technischen Abteilungen der Bank aufnahm. 1977 begleitete Lutz Kleinhans eine dänische Besuchergruppe, die sich über das innovative Konzept des Gebäudes informierte.

Das Betonskelett der im Bau befindlichen Zentrale der Deutschen Bank in der Taunusanlage. Zum Zeitpunkt der Aufnahme, 1981, waren die beiden Türme im Sockelbereich noch nicht verbunden. Am Bauzaun wurde die neueste Anzeigenserie der Bank gezeigt.

Beim Blick vom nahegelegenen Frankfurter Büro Center waren die Vorbereitungen für die Anbringung der Spiegelfassade zu erkennen.

Beliebt war und ist der Blick auf die Türme in kontrastreicher Kombination mit den gründerzeitlichen Kandelabern vom Balkon der Alten Oper aus.

Unter den Firmenschildern der hauptsächlich beteiligten Bauunternehmen trugen die Zimmerleute am 27. Oktober 1982 den traditionellen Spruch zum Richtfest vor: „Von Ferne sieht man schon die Türme / sie blicken beide weit ins Land / gewappnet sind sie gegen Stürme / und tragen das Zeichen der Deutschen Bank."

Gruppenbild der Zimmerleute vor dem Richtkranz.

Der Richtkranz schwebt zwischen den beiden Türmen nach oben.

Luftbild auf die fast fertiggestellten Deutsche-Bank-Türme und den davorliegenden Grüngürtel der Taunusanlage.

Blick durch das Glasdach der Eingangshalle auf die aus dem Sockel emporragenden Türme.

Die Frankfurter Innenstadt spiegelt sich in der Fassade des B-Turms. Dieses Motiv wurde für die Broschüre zur Hauptversammlung der Deutschen Bank im Jahr 1984 verwendet, die ebenfalls Lutz Kleinhans gestaltete.

Im Frühjahr 1984 waren „Soll und Haben", wie der Volksmund die Doppeltürme bald nannte, äußerlich vollendet. Ab Ende Oktober zogen dort 1.700 Mitarbeiter ein.

DIE JAHRHUNDERTFEIER

DIE JAHRHUNDERTFEIER

Im Jahr 1970 konnte die Deutsche Bank auf ihr hundertjähriges Bestehen zurückblicken. Ihr Aufstieg begann am 9. April 1870 in einem kleinen Büro in Berlin als neu gegründetes Start-up und führte sie in nur drei Jahrzehnten an die Spitze der deutschen Banken. Bis zum Ende des Zweiten Weltkriegs blieb Berlin das unbestrittene Zentrum der deutschen Finanzwirtschaft. Der Neuaufbau konzentrierte sich jedoch auf Frankfurt, wo auch die Deutsche Bank 1957 ihren neuen Hauptsitz ansiedelte. Dort wurde die zentrale Jahrhundertfeier mit unverkennbarem Stolz auf die Aufbauleistung der Nachkriegsjahre begangen. Über mehrere Tage erstreckten sich die Feierlichkeiten, die Lutz Kleinhans und sein Team minutiös festhielten.

Eine Galavorstellung in der Frankfurter Oper machte am Abend des 8. April den Auftakt. Auf dem Programm stand die „Fledermaus" von Johann Strauß. Zum offiziellen Festakt im großen Saal der Frankfurter Zentrale, der Jahrzehnte später nach Hermann J. Abs benannt werden sollte, trafen am nächsten Morgen gegen 10.30 Uhr die Gäste in der Junghofstraße ein. Unter den Ehrengästen befanden sich Altbundeskanzler Ludwig Erhard, Wirtschaftsminister Karl

Schiller, der sowjetische Botschafter Semjon Zarapkin und Bundesbankpräsident Karl Klasen, der erst wenige Monate zuvor vom Posten des Vorstandssprechers der Deutschen Bank an die Spitze der Notenbank gewechselt war. An den Festakt schloss sich ein Essen im Interconti-Hotel an, und am Abend feierte man ausgelassen auf einem Ball im Gesellschaftshaus des Frankfurter Palmengartens.

Damit waren die Feierlichkeiten keineswegs erschöpft: Tags darauf stand eine Schifffahrt auf dem Mittelrhein zwischen Rüdesheim und Braubach an. Was konnte man den vielen ausländischen Gästen Typischeres bieten als eine Rheinfahrt vorbei an den romantischen Burgen und Schlössern?

Vorhergehende Doppelseite: Im Mittelpunkt der Jahrhundertfeier der Deutschen Bank stand am 9. April 1970 der Festakt im großen Saal der Frankfurter Zentrale, der mit über 600 Gästen bis zum letzten Platz gefüllt war. Links am Bildrand ist Brigitte Kleinhans zu sehen, die ihren Mann bei diesem Großereignis unterstützte.

Bereits am Vorabend des Festakts fand im Frankfurter Opernhaus eine Gala-Vorstellung statt.
Mit Bussen wurden viele Gäste zur Vorstellung gebracht. In der Glasfassade spiegelte sich der Schriftzug
des Konkurrenten Dresdner Bank vom nahegelegenen Zinsser-Turm.

Gespannte Atmosphäre beim Eintreffen der Gäste zum Festakt am 9. April 1970. Aus den Fenstern über dem Festsaal konnten Mitarbeiter beobachten, wie viele bekannte Gesichter aus Politik und Wirtschaft vorfuhren.

Bundeswirtschaftsminister Karl Schiller wird von Mitgliedern des Vorstands begrüßt. In der Bildmitte mit prüfendem Blick, Alfred Herrhausen, der dem Vorstand erst seit wenigen Wochen angehörte, rechts daneben F. Wilhelm Christians und Andreas Kleffel.

Der große Saal war zu dieser Zeit einer der größten Frankfurts, er diente auch als Austragungsort von Hauptversammlungen und klassischen Konzerten.

Zwei Bundesbankpräsidenten, zwei Wirtschaftsminister, ein Kanzler und drei Vorstandssprecher der Deutschen Bank in der ersten Reihe: Karl Blessing, Karl Klasen, Karl Schiller, Franz Heinrich Ulrich, Ludwig Erhard und Hermann J. Abs (v.l.).

Wie homogen das Publikum der Honoratioren aus Wirtschaft und Politik im Jahr 1970 war, zeigt der Blick des Fotografen in die gleichförmigen Reihen: nahezu ein Alter, ein Geschlecht und uniforme Kleidung.

Heitere und nachdenkliche Mienen in den ersten Reihen der Festgesellschaft. Linkes Bild: Karl Blessing, Karl Klasen, Karl Schiller und Franz Heinrich Ulrich (v.l.). Rechtes Bild: Franz Heinrich Ulrich, Ludwig Erhard und Hermann J. Abs (v.l.).

Ein amtierender und ein ehemaliger Wirtschaftsminister im Gespräch.

Lebhafte Diskussion zwischen dem sowjetischen Botschafter Semjon Zarapkin und Hermann J. Abs, die Wirtschaftsminister Schiller aufmerksam verfolgt.

Folgende Doppelseite: Die Reihe der Ehrengäste setzte sich fort mit dem sowjetischen Botschafter Semjon Zarapkin und dem hessischen Wirtschaftsminister Rudi Arndt (v.l.), daneben die Vorstandsmitglieder der Deutschen Bank Heinz Osterwind, Wilhelm Vallenthin, Manfred O. von Hauenschild, F. Wilhelm Christians, Hans Leibkutsch und Alfred Herrhausen.

Beim Empfang im Frankfurter Interconti-Hotel, der sich an den Festakt anschloss, hatten Walter Lippens (interne Kommunikation), Walther Weber (Presse) und Hans-Albert von Becker (Generalsekretariat) (v.l.) den reibungslosen Ablauf im Blick.

Wirtschaftsminister Karl Schiller und Vorstandssprecher Franz Heinrich Ulrich im Gespräch, daneben Hans L. Merkle, Vorsitzender der Geschäftsführung von Robert Bosch und stellvertretender Aufsichtsratsvorsitzender der Deutschen Bank, und Hans-Helmut Kuhnke, Vorstandsvorsitzender der Ruhrkohle AG (v.l.).

Vorstandssprecher Franz Heinrich Ulrich (Zweiter v.l.) im Kreis der Gäste.

Den Abschluss eines ereignisreichen Tages bildeten Bankett und Ball im Gesellschaftshaus des Palmengartens. Ein Orchester im Rokoko-Gewand spielte zum Essen bei Kerzenlicht, bevor auf der im Zeitgeist von Flower-Power geschmückten Bühne die Max Greger Band zum Tanzen einlud.

Der Aufsichtsratsvorsitzende Hermann J. Abs sprach den Toast auf 100 Jahre Deutsche Bank.

Mit einer Schifffahrt auf dem Rhein von Rüdesheim nach Braubach wurde am 10. April 1970 die Jahrhundertfeier fortgesetzt. Die Gäste genossen die Frühlingssonne. An der Reling im Gespräch Alfred Herrhausen und Horst Burgard (Erster v.r.), der 1971 in den Vorstand eintreten wird.

Ein internationales Publikum, das Kunden der Deutschen Bank aus aller Welt repräsentierte, war an Deck versammelt.

DAS BANKGESCHÄFT

Im Unterschied zur Industrie kann das Bankgeschäft nicht mit spektakulären Motiven aus der Herstellung und der Produktwelt aufwarten – keine betriebsamen Werkshallen, keine sehnsuchtsbeladenen Konsumgüter, stattdessen Anleiheunterzeichnungen, Pressekonferenzen, das Innenleben von Fachabteilungen, Führungskräftetagungen und der Schalterbetrieb in den Filialen. Die eigentlichen Bankprodukte, die Emission von Aktien- und Anleihen, Beratungsleistungen, Kredite und Anlageinstrumente, bleiben meist unsichtbar.

Keine leichte Aufgabe für einen Fotografen, hier das Besondere herauszukitzeln. Wie so oft erschließt sich die historische Relevanz einzelner Vorgänge erst im Nachhinein. Wenn etwa im Jahr 1974 der Vorstand die Auslandsvertreter der Bank zu einer großen Tagung versammelt, weiß man heute, dass der

Sprung ins Ausland – unter eigenem Namen und mit operativen Geschäftseinheiten – kurz bevorstand. Auch die Unterzeichnung von milliardenschweren Kreditverträgen mit der Außenhandelsbank der DDR lässt sich erst mit dem Wissen um den weiteren Gang der Ereignisse und zeitlicher Distanz in seiner geschichtlichen Bedeutung einordnen.

Doch neben den großen Transaktionen gibt es auch den Alltag. Und hier ist es vor allem die Technisierung des Bankgeschäfts, die ins Auge fällt. Anfang der 1970er Jahre beherrschte noch schweres Gerät die Kunden- und Backoffice-Bereiche, Terminals auf den Arbeitsplätzen kamen erst zum Ende des Jahrzehnts zum Einsatz. In dieser Zeit wurden auch die Teams gemischter. Mit dem Blick zurück wird deutlich, nicht alles, aber vieles im Bankgeschäft war vor wenigen Jahrzehnten noch ganz anders, als wir es heute gewohnt sind.

Vorhergehende Doppelseite: Das Kapitalmarktgeschäft und Börsengänge gehören seit den Gründungsjahren zu den Kernaufgaben der Deutschen Bank. 1885 brachte sie beispielsweise die Bayer-Aktie an die Berliner Börse. In der Nachkriegszeit setzte sich diese Tätigkeit hauptsächlich an der Frankfurter Börse fort. Am 16. März 1979 erschien erstmals die Notierung des französischen Mineralölunternehmens Elf Aquitaine auf der Kurstafel der Frankfurter Wertpapierbörse. Auch diesen Börsengang hatte die Deutsche Bank begleitet.

Japan nahm in den 1960er Jahren den deutschen Kapitalmarkt erheblich in Anspruch, woran die Deutsche Bank großen Anteil hatte. Am 31. Mai 1968 wurde in Frankfurt eine 100-Millionen-DM-Anleihe für die Küstenstadt Kobe unterzeichnet. Finanziert wurde der Bau eines Containerhafens. Links der Vorstandssprecher Karl Klasen, in der Mitte die japanischen Delegationsvertreter, rechts davon der gerade in den Vorstand berufene Wilfried Guth und der Leiter des Kapitalmarktgeschäfts Walter Seipp, der 1981 Vorstandsvorsitzender der Commerzbank wurde.

Anleiheunterzeichnungen zählten in den 1960er Jahren zu den Festtagen im Bankgeschäft. Meist nahmen mehrere Vorstandsmitglieder und prominent zusammengesetzte Delegationen der Emittenten daran teil. Seit dem 12. Oktober 1967 war Lutz Kleinhans stets dabei, um die Zeremonie zu fotografieren. Den Auftakt bildete die Unterzeichnung der ersten D-Mark-Anleihe für Australien. Die Anleiheurkunde wurde sogar mit einer Filmkamera abgelichtet.

1969 fusionierten die beiden niederländischen Unternehmen Algemene Kunstzijde Unie (Kunstfaser) und die Koninklijke Zwanenberg Organon (Pharma) zur Akzo. Die Aktie des vereinigten Großunternehmens brachte die Deutsche Bank im Februar des gleichen Jahres an die Frankfurter Börse. Vorstandsmitglied Wilfried Guth (Erster v.l.) verfolgte die Erstnotierung im Frankfurter Börsensaal.

Im April 1969 wurde in Frankfurt eine US-Dollar-Optionsanleihe für die ausländische Siemens-Tochtergesellschaft, Siemens Western Finance N.V., unterzeichnet. Die Emission diente dem Ziel, ausländische Anlegerkreise vermehrt für ein international tätiges Unternehmen zu gewinnen. Allein über deutsche Börsen ließ sich der Kapitalbedarf dieser Emittenten nur schwer decken.

Deutsch-deutsches Abkommen. Am 20. Dezember 1984 wurden Kreditverträge über 950 Millionen DM zwischen der Außenhandelsbank der DDR und einem europäischen Bankenkonsortium unter Führung der Luxemburger Tochtergesellschaft der Deutschen Bank unterzeichnet. Der Kredit wurde durch Transferleistungen der Bundesrepublik an die DDR besichert. Im Gegenzug baute die DDR Selbstschussanlagen und Minenfelder an der innerdeutschen Grenze ab.

Der Sekt stand schon bereit, als (Bildmitte v.r.) der Chef der Deutschen Bank Luxemburg Ekkehard Storck, Vorstandssprecher Hilmar Kopper, der Präsident der Außenhandelsbank der DDR Werner Polze und AKA-Geschäftsführer Willi Hösch sichtlich gut gelaunt das Vertragswerk unterzeichneten.

Vorstandssprecher Alfred Herrhausen (rechts) im Gespräch mit dem Präsidenten der Europäischen Kommission Jacques Delors bei der Unterzeichnung einer Anleihe der Europäischen Wirtschaftsgemeinschaft im November 1985 in den Deutsche-Bank-Türmen in Frankfurt.

US-Botschafter Richard Burt (Mitte) begleitete am 9. September 1987 eine Präsentation von Chrysler in der Deutschen Bank und nutzte sie zum Austausch mit Alfred Herrhausen.

In den 1970er Jahren baute die Deutsche Bank ihre internationalen Niederlassungen erstmals seit dem Ende des Zweiten Weltkriegs stark aus. Von großer Bedeutung waren dabei die jährlichen Treffen der Auslandsvertreter. Vorstandssprecher Franz Heinrich Ulrich begrüßte dazu am 1. Oktober 1974 im Frankfurter Interconti-Hotel die Teilnehmer aus aller Welt.

Bei der Pressekonferenz standen 1974 Vorstand und Auslandsvertreter Rede und Antwort. Die Wimpel mit den jeweiligen Landesflaggen verliehen der Veranstaltung die Anmutung einer internationalen Gipfelkonferenz.

Manfred ten Brink (links), Leiter der Niederlassung der Deutschen Ueberseeischen Bank in Tokio, mit dem Leiter der Internationalen Abteilung Werner Blessing (Mitte) und dem Vorstandsmitglied Hans-Otto Thierbach.

Seite 84–87: Die Devisenabteilung der Frankfurter Deutsche-Bank-Zentrale in der Junghofstraße arbeitete im Mai 1971 noch mit analoger Technik: Zeigeruhren, Wandtafeln, schwere Bakelit-Telefonapparate. Vergleichsweise leger hingegen die Kleiderordnung – ohne Jackett und mit hochgekrempelten Ärmeln präsentierte man sich selbst beim Fototermin.

Die Devisentagesberichte wurden 1971 per Fernschreiber an den Führungskreis der Bank übermittelt. Links sind die charakteristischen Lochstreifen zu sehen.

Mit dem Einstieg der Deutschen Bank ins sogenannte Mengengeschäft erweiterte sich der Kreis der Privatkunden stark. Auch Handwerker zählten nun, wie hier 1968 in der Frankfurter Filiale am Roßmarkt, vermehrt zur Kundschaft.

Links und rechts: Als Privatkunden umworben wurden zugleich junge Kunden und die eher traditionelle Klientel. Beide Farbaufnahmen stammen aus dem Jahr 1970. Der Bankschalter stand zu dieser Zeit noch immer wie eine Barriere zwischen Beratern und Kunden.

Mit Bauhelm zum Beratungsgespräch in aufgelockerter Atmosphäre. Diese zweifellos gestellte Aufnahme von 1979 zeigt nicht nur eine modernisierte Filiallandschaft, sondern auch die inzwischen selbstverständlich gewordene Kundenberaterin.

Auch Videotraining war in Kronberg bereits möglich, wofür sich Vorstandssprecher Franz Heinrich Ulrich (links) und Personalvorstand Horst Burgard besonders interessierten.

Vorhergehende Doppelseite: Das 1973 eröffnete Ausbildungszentrum in Kronberg setzte auf helle Schulungsräume und neueste Präsentationstechnik.

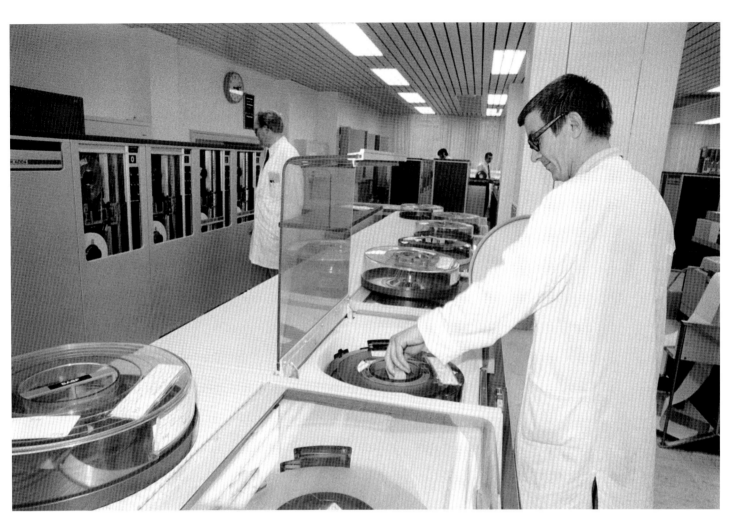

Mitte der 1960er Jahre führte die Deutsche Bank die Datenverarbeitung mit Großcomputern in Rechenzentren ein. Sie diente vor allem der Automatisierung des standardisierten Geschäfts mit Privatkunden. Mit der Technik zog ein ganz neuer Mitarbeitertyp in die Bank ein. Im weißen Kittel, wie hier 1971, wurde ein Großrechner bedient.

Der Großrechner Siemens System 4004 kam neben Geräten von IBM in der Bank zum Einsatz. Mit diesen Rechnern wurde die dezentrale Datenverarbeitung aufgenommen, da sie bereits eine Online-Verarbeitung ermöglichten.

Sicherheit war zu allen Zeiten für Banken existentiell. Beim Neubau der Deutsche-Bank-Türme in der Taunusanlage wurde daher eine eigene Sicherheitszentrale eingerichtet.

Unter Tage, in der Tresorabteilung im Untergeschoss des Hochhauses in der Großen Gallusstraße in Frankfurt, wurden die Wertpapiere der Kundschaft verwahrt und bearbeitet – eine Tätigkeit für erfahrene und besonders vertrauenswürdige Angestellte. Die Aufnahme entstand 1978.

Eine Mitarbeiterfiliale kümmert sich seit der Eröffnung der Deutsche-Bank-Türme Anfang 1985 um die eigenen Angestellten, die zugleich auch alle Kunden der Bank sind.

Wie immer bei der Bilanzpressekonferenz, wie hier am 6. April 1971, war das Interesse der Frankfurter Wirtschafts- und Finanzjournalisten am Zahlenwerk der Bank groß, selbst die Empore im kleinen Saal in der Junghofstraße war besetzt. Nur die Plätze in der ersten Reihe blieben leer.

Zur Bilanzpressekonferenz kamen 1971 der gesamte Vorstand und der Pressesprecher der Bank zusammen.

Alfred Herrhausen und Roland Berger erläuterten 1987 einer großen Runde von Journalisten in einer der oberen Etagen der Deutsche-Bank-Türme, warum die Deutsche Bank eine Mehrheitsbeteiligung an der Münchner Unternehmensberatung Roland Berger & Partner erworben hatte.

DIE HAUPTVERSAMMLUNGEN

DIE HAUPTVERSAMMLUNGEN

Die jährliche Hauptversammlung ist einer der Höhepunkte im Terminkalender einer jeden Aktiengesellschaft. Seit der Gründung der Deutschen Bank im Jahr 1870 sind alle Aktionäre berechtigt, an der Hauptversammlung teilzunehmen und an den Abstimmungen – gewichtet nach ihrem Aktienbesitz – mitzuwirken. Obwohl sich die Aktien der Bank von Anfang an in breitem Streubesitz befanden, wurden die Hauptversammlungen erst in den späten 1950er Jahren zu Großveranstaltungen mit breiter medialer Aufmerksamkeit. Fotografien von Hauptversammlungen existieren überhaupt erst seit dieser Zeit. Von 1967 bis 1989 war Lutz Kleinhans damit beauftragt, die jährlichen Aktionärstreffen in Bildern festzuhalten. Gemessen an der Zahl der Fotos, die er für die Deutsche Bank aufnahm, stehen diese Großereignisse sicher an erster Stelle.

Ein besonderer Reiz der immer wiederkehrenden Motive von Vorstand, Aufsichtsrat und versammeltem Publikum liegt in der Langzeitperspektive, die Kleinhans' Beobachtung über mehr als zwei Jahrzehnte erlaubt. In diesem Zeitraum stieg nicht nur die Zahl der teilnehmenden Aktionäre beträchtlich, von 412 auf über 3000, zugleich änderte sich die Zusammensetzung des Publikums. Seit den 1970er Jahren waren auch zunehmend jüngere und weibliche Aktionäre vertreten. Mit der Zahl der Teilnehmer wuchs auch der Diskussionsbedarf. Konnte 1967 die Versammlung in weniger als fünf Stunden über die Bühne gebracht werden, so waren 1988 achteinhalb Stunden erforderlich.

Längst nicht alle Hauptversammlungen fanden in Frankfurt statt. Sie wanderten vielmehr durch die Großstädte der alten Bundesrepublik. Das war nicht zuletzt der Tatsache geschuldet, dass sich auch in Hamburg und Düsseldorf Zentralen der Bank befanden, die ihre Anrechte geltend machten. Kleinhans war stets dabei. Es sind die einzigen größeren Aufträge der Bank, die er außerhalb des Rhein-Main-Gebiets ausführte. Die eigentlichen Versammlungen mit ihren festen Ritualen dokumentierte er ebenso wie das Drumherum – die Registrierung der Aktionäre und deren Verköstigung, die eingesetzte Technik, die berichtenden Journalisten, aber auch die Vorstandsempfänge, die meist am Vorabend der Hauptversammlungen stattfanden. Das alles ergibt eine Zeitreise durch das Hochamt des Rheinischen Kapitalismus.

Vorhergehende Doppelseite: Zum zweiten Mal nach 1973 fand 1981 die Hauptversammlung in München statt. Die Weitwinkelaufnahme lässt den Kongress-Saal des Deutschen Museums riesig erscheinen.

Der 1959 fertiggestellte große Saal der Frankfurter Zentrale der Bank in der Junghofstraße war am 30. Mai 1967 bereits zum vierten Mal Austragungsort der Hauptversammlung. Zu Beginn sprach der Frankfurter IHK-Präsident Fritz Dietz ein Grußwort.

Das Podium der Vorstands- und Aufsichtsratsmitglieder im Jahr 1967. Der Aufsichtsratsvorsitzende Erich Bechtolf (Achter v.l.) leitete die Sitzung.

Zeitenwende 1967: Zum letzten Mal erstattete Hermann J. Abs (Sechster v.l.) den Bericht des Vorstands. Nach 29 Jahren im Vorstand und zehn Jahren als dessen Sprecher wurde er von der Aktionärsversammlung an die Spitze des Aufsichtsrats gewählt.

Aug in Aug: Aufsichtsratsmitglied Ernst von Siemens (links) und Vorstandssprecher Hermann J. Abs bei der Hauptversammlung 1967.

Intensives Studium der Unterlagen bei der Hauptversammlung am 16. Mai 1968 in Düsseldorf.

Die Verköstigung der Aktionäre, wie hier 1968, spielte bei Hauptversammlungen seit jeher eine nicht zu unterschätzende Rolle.

Seite 118–121: Am 6. Mai 1969 war die Hauptversammlung wieder in Frankfurt. Im Eingangsbereich des großen Saals wurden die eintreffenden Aktionäre registriert und erhielten ihre Stimmkarten.

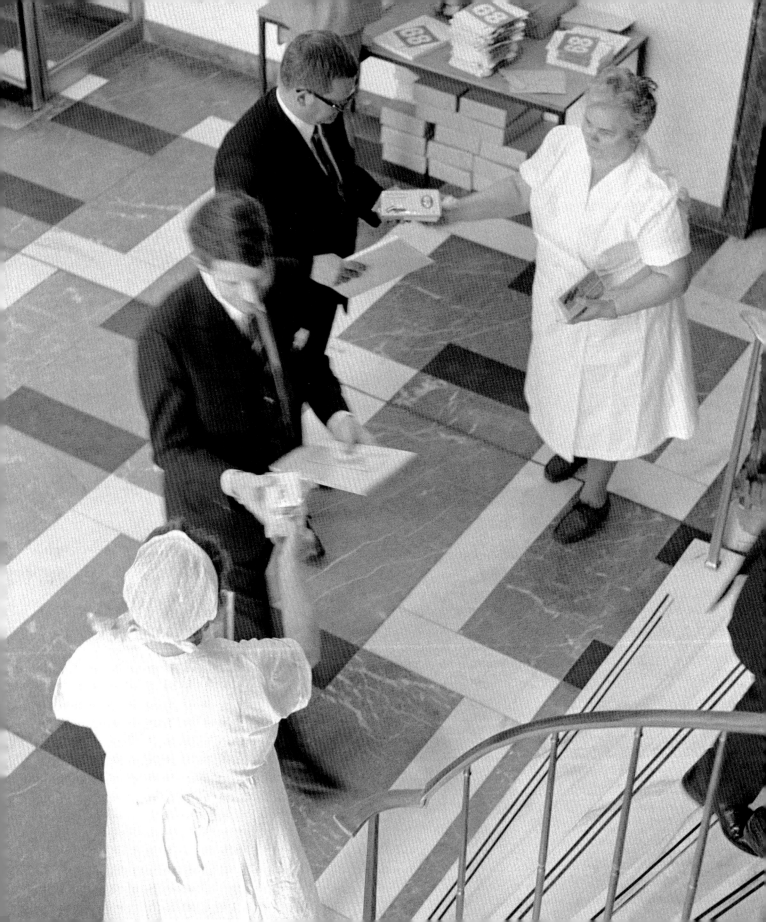

Per Fernschreiber wurden 1969 die Abstimmungsergebnisse übermittelt.

Helferinnen in weißen Kitteln überreichten den Gästen der Hauptversammlung 1969 ihre Verpflegungspakete.

Ankunft des Aufsichtsratsvorsitzenden Hermann J. Abs zur Hauptversammlung am 15. Mai 1970 im Düsseldorfer Ehrenhof.

Dass zu den Aktionären der Deutschen Bank auch zunehmend Frauen gehörten, war bei der Hauptversammlung 1970 erkennbar.

Seite 126–128: Eingesammelt wurden die Stimmkarten bei der Hauptversammlung 1970 noch per Hand, doch das Auszählen übernahmen bereits Maschinen.

1970 zeigte erstmals eine elektronische Tafel das Abstimmungsergebnis an.

Am Rand des Düsseldorfer Sitzungssaals wurde bereits an Mitschriften der Redebeiträge gearbeitet.

1970 konnten die Journalisten ihre Berichte aus einer improvisierten Telefonzentrale durchgeben.

1973 standen der Presse dagegen Telefonkabinen zur Verfügung.

Live-Übertragung in den Vorraum bei der Hauptversammlung im Kongresszentrum des Münchener Sheraton Hotels 1973. Die Größe des Monitors war im wahrsten Sinne des Wortes noch überschaubar.

Zeitenwende 1971: Hannelore Winter im Interview. Sie war die erste Frau im Aufsichtsrat. Ein engagierter Redebeitrag bei der Hauptversammlung des Vorjahres hatte die Aufmerksamkeit auf sie gelenkt.

Binnen weniger Jahre änderte sich das Erscheinungsbild der Aktionäre. Trugen Damen 1969 noch Hüte, ...

... so erschienen 1973 junge Herren mit Langhaarfrisur und Jeansjacke auf der Hauptversammlung – offensichtlich nicht zur Begeisterung aller Aktionäre.

Beratung in einer Abstimmungspause auf der Hauptversammlung am 23. Mai 1975 im Hamburger Congress Centrum. Zur Diskussion stand der Vorschlag der Bank zur Einführung des Höchststimmrechts, der schließlich mit 94,28 Prozent angenommen wurde. Ernste Mienen zeigen die Vorstandsmitglieder (v.l.) Alfred Herrhausen, Hans Feith, Franz Heinrich Ulrich (Sprecher), Wilfried Guth. Rechtsberater sind eingeschaltet, ebenso der Aufsichtsratsvorsitzende Hermann J. Abs (ganz rechts).

Zeitenwende 1976: Zum letzten Mal leitete Hermann J. Abs (rechts) die Hauptversammlung. In Düsseldorf übergab er das Amt des Aufsichtsratsvorsitzenden seinem Nachfolger, dem bisherigen Vorstandssprecher Franz Heinrich Ulrich.

Erstmals seit Kriegsende fand 1978 eine Hauptversammlung der Deutschen Bank an ihrem Gründungsort Berlin statt. Bei einem Empfang im Charlottenburger Schloss begrüßte der Regierende Bürgermeister Dietrich Stobbe den Vorstand der Bank am Vorabend der Versammlung. Einem Trend der Zeit folgend, benutzte Lutz Kleinhans ein „Fischauge", um einen möglichst großen Kreis des Publikums einzufangen.

Aufsichtsratsmitglied Karl Klasen (links) beim Berliner Empfang im Gespräch mit dem Pressesprecher der Bank Walther Weber (Mitte). Links im Hintergrund ist Brigitte Kleinhans zu sehen.

Der „Deutsche Herbst" wirkte sich auch auf die Hauptversammlung 1978 aus. Es herrschten deutlich verschärfte Sicherheitsvorkehrungen. Die Taschen der Hauptversammlungsteilnehmer wurden wie am Flughafen durchleuchtet.

„Ihr Partner in der Welt". Auf der Hauptversammlung 1989 in der Frankfurter Alten Oper stellte die Bank ihre globale Kompetenz in den Mittelpunkt. Auf der großen Leinwand war Vorstandssprecher Alfred Herrhausen für das Publikum im ganzen Saal gut sichtbar.

IM VORSTAND

Die Vorstandssitzungen der Deutschen Bank, die meist im wöchentlichen Turnus stattfinden, sind naturgemäß eine diskrete Veranstaltung. So existieren von den Sitzungen des Führungsgremiums auch nur wenige Fotografien. Die meisten stammen von Lutz Kleinhans. Er hatte zwischen 1967 und 1970 mehrfach Gelegenheit, während der Vorstandssitzungen zu fotografieren und das bei laufenden Gesprächen – so groß war das Vertrauen, das er genoss.

Erstmals den Auftrag, eine Vorstandssitzung zu dokumentieren, erhielt Kleinhans gleich im ersten Jahr seiner Tätigkeit für die Deutsche Bank. Am 29. Mai 1967 fand die letzte Sitzung unter der Leitung des Vorstandssprechers Hermann J. Abs statt. Dieses historischen Moments war man sich offensichtlich bewusst und wollte ihn festhalten. Das Ergebnis ist eine Serie von Aufnahmen, die die außergewöhnliche Autorität erahnen lassen, die Abs im Kreis seiner Vorstandskollegen hatte.

Die Doppelspitze mit Franz Heinrich Ulrich und Karl Klasen setzte nicht nur auf einen anderen Führungsstil und öffnete das Gremium für Quereinsteiger wie Wilfried Guth und Alfred Herrhausen, sie setzte auch auf mehr

Transparenz. Beraten durch Pressesprecher Walther Weber erkannte die Leitung der Bank die zunehmende Bedeutung von Fotos für die Pressearbeit. Als das *Time Magazine* im Juni 1968 um Bilder des Vorstands bat, wurde Kleinhans nach nur einem Jahr ein weiteres Mal beauftragt, die Sitzung des obersten Führungskreises der Bank zu fotografieren.

Der „Hausfotograf" Lutz Kleinhans porträtierte die Vorstandsmitglieder außerdem in Einzelaufnahmen, auf die er viel Zeit und Mühe verwandte. Nahm er die Fotos zunächst in den Büros auf, so ging er später dazu über, die Porträtierten in sein Studio nach Hause zu bitten, um in entspannter Atmosphäre arbeiten zu können. Auf diese Weise entstand eine Reihe beeindruckender Charakterstudien von Männern, die in den 1970er und 1980er Jahren die Deutsche Bank lenkten und darüber hinaus an vielen wirtschaftlichen Entscheidungen der Bonner Republik beteiligt waren.

Als Kleinhans 1988 den Vorstand zum letzten Mal fotografierte, war die Männerriege durchbrochen. Mit Ellen R. Schneider-Lenné gehörte erstmals eine Frau nicht nur dem obersten Führungskreis der Deutschen Bank, sondern überhaupt dem Vorstand eines Dax-Unternehmens an.

Vorhergehende Doppelseite: Seltener Einblick in die Vorstandssitzung der Deutschen Bank. Am 6. Juli 1970 tagte das Gremium in Düsseldorf. Die erst wenige Monate zuvor neu berufenen Mitglieder Robert Ehret und Alfred Herrhausen (vorne links und rechts) hatten die Aufgabe, das Protokoll zu führen.

Am 29. Mai 1967 leitete Hermann J. Abs seine letzte Vorstandssitzung. Seit dem Wiederzusammenschluss der Deutschen Bank 1957 war er Sprecher des Gremiums und damit formal nur „Primus inter Pares". Doch wie die Aufnahme zeigt, ist er der unbestrittene Fixpunkt – die Blicke aller Vorstandskollegen sind auf ihn gerichtet.

Das Ansehen, das Abs genoss, beruhte neben einer Reihe herausragender Fähigkeiten auch auf einem hohen Arbeitsethos. Auch zu seiner letzten Vorstandssitzung brachte er zwei prall gefüllte Aktentaschen mit, die er griffbereit neben seinem Stuhl platzierte.

Nach der Sitzung präsentierte sich der gesamte Vorstand mit dem alten Vorstandssprecher und seinen beiden Nachfolgern: F. Wilhelm Christians, Fritz Gröning, Manfred O. von Hauenschild, Wilhelm Vallenthin, Franz Heinrich Ulrich, Hermann J. Abs, Karl Klasen, Heinz Osterwind, Hans Janberg, Andreas Kleffel und Hans Feith (v.l.).

In seinen beiden letzten Jahrzehnten umgab Abs die Aura des „Grand Old Man" der Deutschen Bank. Sei es als Aufsichtsratsvorsitzender bei der Hauptversammlung 1975 in Hamburg ...

... oder als Ehrenvorsitzender der Bank bei der Einweihung der Deutsche-Bank-Türme 1985.

Der Vorstand im Juni 1968 an gleicher Stelle wie im Jahr davor. Nur zwei Gesichter sind neu in der Runde: Wilfried Guth (Zweiter v.l.) war zum Jahresbeginn von der KfW in den Vorstand der Deutschen Bank gewechselt und Hans Leibkutsch (Fünfter v.l.), zuvor Generalbevollmächtigter der Bank in Düsseldorf, war im April zum stellvertretenden Vorstandsmitglied ernannt worden. Neben Abs hatte Fritz Gröning altersbedingt den Vorstand verlassen.

Bei der Vorstandssitzung am 24. Juni 1968 hatte sich die Sitzordnung im Vergleich zum Vorjahr auffallend verändert. Die beiden Sprecher Franz Heinrich Ulrich und Karl Klasen saßen sich nun gegenüber, während an der Stirnseite des Tisches Hans Leibkutsch als jüngster in der Vorstandsrunde für das Protokoll zuständig war.

Die Vorstandssprecher Karl Klasen (linkes Bild) und Franz Heinrich Ulrich (rechtes Bild) bei der Vorstandssitzung am 24. Juni 1968.

Franz Heinrich Ulrich am Schreibtisch in seinem Büro in Düsseldorf. Neben der Postmappe liegt die *Frankfurter Allgemeine Zeitung* griffbereit.

Karl Klasen an seinem Schreibtisch in Frankfurt. Noch ist das Konzept für eine Deutsche-Bank-Kunstsammlung nicht geboren, doch im Hintergrund sind Drucke von Marc Chagall erkennbar. Klasen verließ die Deutsche Bank Ende 1969, um Präsident der Bundesbank zu werden.

Der Gegenschuss der Aufnahme von Seite 144/145 bei der Düsseldorfer Sitzung vom 6. Juli 1970. Lutz Kleinhans fotografierte ohne Blitz, nur mit Raumbeleuchtung, die sich in der Vitrine spiegelt. Privatkundenvorstand Manfred O. von Hauenschild referiert, der Blick von Andreas Kleffel schweift in die Ferne. Im Hintergrund ist ein Gemälde des wenige Monate zuvor verstorbenen Altvorstands Clemens Plassmann zu erkennen.

Nach den Jahren 1967 bis 1969 gab es von 1976 an mit F. Wilhelm Christians (links) und Wilfried Guth wieder eine Doppelspitze. Hier bei der Hauptversammlung 1978 in Berlin.

Zum Jahresbeginn 1970 präsentierte F. Wilhelm Christians (Mitte) die beiden neuen Vorstandskollegen Robert Ehret (links) und Alfred Herrhausen.

F. Wilhelm Christians kam 1949 zur Deutschen Bank. 1965 wurde er in den Vorstand berufen. Ab 1976 stand er, zuerst zusammen mit Wilfried Guth und danach mit Alfred Herrhausen, zwölf Jahre als Vorstandssprecher und später von 1990 bis 1997 als Aufsichtsratsvorsitzender an der Spitze der Bank.

Wilfried Guth, der Neffe Ludwig Erhards, war nach Stationen bei der Bundesbank, dem Internationalen Währungsfonds und der KfW 1968 zur Deutschen Bank gekommen. Von 1976 bis Mai 1985 war er – zusammen mit F. Wilhelm Christians – Vorstandssprecher und anschließend bis 1990 Aufsichtsratsvorsitzender der Bank.

Wilfried Guth im Interview 1984.

Hans L. Merkle (Mitte) hatte von Juli 1984 bis Mai 1985 den Aufsichtsratsvorsitz der Deutschen Bank für den erkrankten Franz Heinrich Ulrich übernommen. Hier Anfang 1985 eingerahmt von den beiden Vorstandssprechern Wilfried Guth (links) und F. Wilhelm Christians anlässlich der Eröffnung der Deutsche-Bank-Türme in Frankfurt.

Fünf Vorstandssprecher (drei ehemalige und zwei amtierende) auf einem Bild. Diese seltene Konstellation einzufangen, gelang Lutz Kleinhans auf der Hauptversammlung 1979 in Frankfurt: Hermann J. Abs, Karl Klasen, F. Wilhelm Christians, Franz Heinrich Ulrich, Wilfried Guth (v.l.).

Zwei Generationen, zwei charismatische Persönlichkeiten: Alfred Herrhausen (links) und Hermann J. Abs 1977 bei der Unterzeichnung einer 100-Millionen-DM-Anleihe für Argentinien.

1988 wurde erstmals eine Frau in den Vorstand der Deutschen Bank berufen. (Vordere Reihe v.l.): Georg Krupp, Herbert Zapp, Vorstandssprecher Alfred Herrhausen, Ellen R. Schneider-Lenné, Eckart van Hooven, Ulrich Weiss. (Hintere Reihe v.l.): Jürgen Krumnow, Ulrich Cartellieri, Horst Burgard, Michael Endres, Rolf-E. Breuer, Hilmar Kopper.

Vorstandssprecher Alfred Herrhausen auf der letzten von ihm geleiteten Hauptversammlung am 10. Mai 1989 in Frankfurt. Ein halbes Jahr später fiel er einem Terroranschlag zum Opfer, der bis heute nicht aufgeklärt ist.

IN GESELLSCHAFT UND KULTUR

IN GESELLSCHAFT UND KULTUR

Auch wenn die Deutsche Bank bereits seit 1886 mit einer Filiale in Frankfurt vertreten ist, zu einem wichtigen Teil der Stadtgesellschaft wurde sie erst, als 1957 ihre Zentrale und damit auch ihr Führungspersonal nach Frankfurt kamen. Die Bank suchte damals die Nähe der neuen Zentralbank, der heutigen Bundesbank, die sich bereits seit 1948 in Frankfurt befand. Wie schon in früheren Jahrhunderten gelang es der Stadt in kurzer Zeit, die Neuankömmlinge zum gegenseitigen Nutzen zu integrieren. Nicht nur die neu angesiedelten Institutionen, auch deren leitende Persönlichkeiten wurden rasch am Main heimisch, obwohl sie die Gemeinden des Hochtaunus als Wohnort bevorzugten. Dies galt in besonderer Weise für die Vorstandsmitglieder der Deutschen Bank, die wie der Rheinländer Hermann J. Abs, der Hamburger Karl Klasen oder der Franke Wilfried Guth aus allen Teilen Deutschlands kamen. Der Erstgenannte brachte es schließlich bis zum Frankfurter Ehrenbürger.

Anlässe für die Zusammenkunft der neu gebildeten Netzwerke aus Wirtschaft, Politik und Kultur waren häufig die runden Geburtstage der Führungspersönlichkeiten der Bank. Die Gästelisten lesen sich wie das *Who is Who* der Bundesrepublik. Mehrfach bot das Schlosshotel Kronberg den festlichen Rahmen solcher Veranstaltungen, aber auch in repräsentativen Räumen der Bank fanden Empfänge statt. Wie bei den offiziellen Geschäftsterminen war Lutz Kleinhans als Fotograf auch bei diesen gesellschaftlichen Ereignissen erste Wahl. Dass er als Redaktionsfotograf der *Frankfurter Allgemeinen Zeitung* mit allen Größen der Stadtgesellschaft bekannt war und sich auf jedem Parkett sicher zu bewegen wusste, kam ihm dabei zustatten. Dies galt ebenso für den Umgang mit Kulturschaffenden. So dokumentiert seine Fotografie auch das Engagement der Bank für Kunst und Kultur in Frankfurt. Ein Höhepunkt war dabei zweifellos 1986 die Aufstellung der Granitskulptur „Kontinuität" des Künstlers Max Bill vor den Deutsche-Bank-Türmen. Nach Einschätzung des Kunsthistorikers Werner Spies gehört sie „zu den eindrucksvollsten monumentalen Werken ... unserer Zeit".

Vorhergehende Doppelseite: 1981 wurde Hermann J. Abs die Ehrenbürgerschaft der Stadt Frankfurt verliehen. Es ist eine seltene Auszeichnung, die seit 1795 erst 31 Mal vergeben wurde. Beim Festakt im Kaisersaal des Römers saß das Ehepaar Abs zwischen Oberbürgermeister Walter Wallmann und dessen Frau Margarethe.

Ende Mai 1970, nur wenige Wochen nach der Jahrhundertfeier der Deutschen Bank, konnte das Vorstandsmitglied Heinz Osterwind seinen 65. Geburtstag begehen. Zu den Gästen, die er ins Schlosshotel Kronberg geladen hatte, gehörten der hessische Wirtschaftsminister und spätere Frankfurter Oberbürgermeister Rudi Arndt (rechts), dessen Frau Roselinde (links) sowie Johanna und Herbert Quandt (Zweite v.l. und Mitte).

Am Tisch des Jubilars (hinten Dritter v.r.) hatten unter anderen Bundesbankpräsident Karl Klasen (Erster v.l.), der Unternehmer Helmut Horten (Fünfter v.l.), seine Ehefrau Heidi (vorn Zweite v.r.) und Friedrich Karl Flick (Erster v.r.) Platz genommen.

Vorstandssprecher Franz Heinrich Ulrich feierte am 6. Juli 1970 seinen 60. Geburtstag. Der Empfang fand im David-Hansemann-Haus in Düsseldorf statt, das die Bank seit den 1950er Jahren für die Ausbildung des internationalen Nachwuchses nutzte. Zu den ersten Gratulanten zählten Inez und Hermann J. Abs.

Beim Geburtstagsempfang für Vorstandssprecher Ulrich suchte Hermann J. Abs den Austausch mit dem Geschäftsführer des Flick-Konzerns Eberhard von Brauchitsch (rechts). Dem Gespräch folgten Dresdner-Bank-Chef Jürgen Ponto (Zweiter v.l.) und Deutsche-Bank-Aufsichtsrat Fritz Gröning.

Zum 70. Geburtstag von Hermann J. Abs, im Oktober 1971, defilierte eine große Gästeschar im Schlosshotel Kronberg. Für Ignes und Jürgen Ponto nahm sich der Jubilar Zeit für ein kurzes Gespräch.

Mit schauspielerischer Geste begrüßte Hermann J. Abs den Konzernerben Friedrich Karl Flick, der seit Mai 1971 im Aufsichtsrat der Deutschen Bank saß.

Dem Freund und Förderer der barocken Kammermusik zum 70. Geburtstag galt das Konzert der Deutschen Bachsolisten unter der Leitung von Helmut Winschermann.

Das in den Grünen Salon des Schlosshotels Kronberg fallende Herbstlicht tauchte das Konzert in eine eigentümliche Stimmung. Ganz rechts ist der Jubilar im Kreis seiner Familie zu erkennen.

Die Verleihung der Ehrenbürgerschaft der Stadt Frankfurt an Hermann J. Abs fand an seinem 80. Geburtstag im Kaisersaal des Römers statt. Um den glanzvollen Rahmen besser zur Wirkung zu bringen, fotografierte Lutz Kleinhans auch in Farbe.

Zwei Frankfurter Ehrenbürger: Oswald von Nell-Breuning (rechts) gratulierte Hermann J. Abs zu dessen 85. Geburtstag. Die Stadt Frankfurt hatte aus diesem Anlass am 16. Oktober 1986 in den Kaisersaal des Römers eingeladen.

Am Ort zahlreicher Hauptversammlungen, im großen Saal in der Frankfurter Junghofstraße, fand im Juli 1979 die Feier zu Wilfried Guths 60. Geburtstag statt. In der ersten Reihe: Liselotte Ulrich, Bundesbankpräsident Otmar Emminger, Wilfried und Ruth Guth und F. Wilhelm Christians (v.l.).

Der Vorstandssprecher der Dresdner Bank und fruhere Wirtschaftsminister Hans Friderichs gratuliert seinem Amtskollegen von der Deutschen Bank.

Zu Wilfried Guths Gästen gehörte auch der Leiter des Suhrkamp Verlages Siegfried Unseld (Erster v.l.). Aus dem Hintergrund blickte der Privatbankier Johann Philipp von Bethmann in die Kamera.

Alfred Herrhausen im Gespräch mit Daimler-Benz-Chef Joachim Zahn beim Empfang für Wilfried Guth 1979. Seit Juli 1976 gehörte Herrhausen dem Aufsichtsrat des Automobilkonzerns an.

Am 23. Januar 1985 wurden die Deutsche-Bank-Türme, die neue Unternehmenszentrale in der Taunusanlage in Frankfurt, offiziell eingeweiht. Am Rednerpult der Frankfurter Oberbürgermeister Walter Wallmann.

Dresdner-Bank-Vorstandssprecher Hans Friderichs im Gespräch mit den beiden ehemaligen Bundesbankpräsidenten Karl Klasen und Otmar Emminger bei der Einweihung der Deutsche-Bank-Türme.

Wirtschaft, Politik und Kultur trafen bei der Eröffnung der neuen Zentrale der Bank zusammen: AEG-Chef Heinz Dürr, Oberbürgermeister Walter Wallmann, Deutsche-Bank-Vorstandsmitglied Hilmar Kopper und der Verleger Siegfried Unseld (v.l.).

Der Mann mit Filzhut. Joseph Beuys ist mit seiner charakteristischen Kopfbedeckung auch von hinten mühelos erkennbar. Anlässlich der Übergabe seiner Bronzeplastik „Bergkönig" ans Frankfurter Städel traf der Künstler 1982 Hermann J. Abs und Vorstandsmitglied Herbert Zapp, der sich stark für den Aufbau der Kunstsammlung der Deutschen Bank einsetzte.

Der Bankier und der Künstler: Hermann J. Abs führte Joseph Beuys durch eines der Kabinette des Städels. Im Hintergrund der Direktor des Museums Klaus Gallwitz.

Im Oktober 1990 eröffnete das Städel den von Gustav Peichl entworfenen Erweiterungsbau. Als Vorsitzender der Städel-Administration hatte Hermann J. Abs den Bau vorangetrieben. In seiner Eröffnungsansprache wies er in seiner typischen ostentativen Art, ohne andere Projekte zu nennen, darauf hin, dass die geplante Bauzeit und der Kostenrahmen eingehalten worden seien.

Per Schiff und Schwertransporter kam die 80 Tonnen schwere Granitskulptur „Kontinuität" aus Italien nach Frankfurt, wo sie am 7. September 1986 vor dem Haupteingang der Deutsche-Bank-Türme aufgestellt wurde.

Der Schweizer Bildhauer Max Bill, Schöpfer der „Kontinuität", begutachtete sein Werk nach der Verankerung, rechts im Bild Vorstandsmitglied und Kunstförderer Herbert Zapp.

Der Aufsichtsratsvorsitzende der Deutschen Bank Wilfried Guth folgte mit heiterer Miene den Erläuterungen Max Bills. Der Künstler erlebte mit dieser Auftragsarbeit den Glücksfall, nach 40 Jahren noch einmal seine Idee der unendlichen Schleife als Großplastik im öffentlichen Raum verwirklichen zu können.

IMPRESSUM

1. Auflage

© 2020 Frankfurter Societäts-Medien GmbH

Layout und Satz: Bruno Dorn, Societäts-Verlag
Umschlaggestaltung: Bruno Dorn, Societäts-Verlag
Umschlagabbildung: Devisenhandel der Deutschen Bank in Frankfurt 1971;
Deutsche Bank, Historisches Institut, Foto Lutz Kleinhans
Bildbearbeitung: Martin Url
Alle Abbildungen im Inhalt: Deutsche Bank, Historisches Institut, Fotos Lutz Kleinhans

Druck und Verarbeitung: Print Consult GmbH, München

Printed in EU 2020

ISBN 978-3-95542-359-9

Besuchen Sie uns im Internet: www.societaets-verlag.de